AF244539

ALPHABET

DU

CATHOLIQUE,

CONTENANT

DIVERSES PRIÈRES,

APPROUVÉES PAR

MONSEIGNEUR JULES-FRANÇOIS DE SIMONY,

ÉVÊQUE DE SOISSONS ET LAON, DOYEN ET PREMIER SUFFRA-
GANT DE LA PROVINCE DE REIMS.

A L'USAGE DES ÉCOLES CHRÉTIENNES.

SOISSONS,

Ancienne Maison Arnoult.

SESTRE, LIBRAIRE DE Mgr L'ÉVÊQUE,

RUE DE LA CONGRÉGATION, Nº 3.

1843.

On trouve à la même librairie tous les ouvrages à l'usage du diocèse.

Les exemplaires voulus par la loi ont été déposés, et sont revêtus de ma signature.

Festre

Lettres capitales romaines.

A B C D E F G H
I J K L M N O P
Q R S T U V X Y
Z Æ OE W Ç É È Ê.

Lettres courantes romaines.

a b c d e f g
h i j k l m n
o p q r s t u v
x y z æ œ w å
â é è ê î i ô ô
ù û ë ï ü ç . ,
: ; ? !

ALPHABET

*Lettres capitales, courantes romaines
et italiques.*

A a *a* B b *b* C
c D d *d* E e *e* F
f *f* G g *g* H h *h*
I i *i* J j *j* K k *k*
L l *l* M m *m* N
n O o *o* P p *p* Q
q *q* R r *r* S s *s* T
t *t* U u *u* V v *v*
X x *x* Y y *y* Z
z Æ æ *æ* OE œ
œ W w *w.*

Chiffres arabes.

1 2 3 4 5 6 7 8 9 0.

Les lettres a, e, i, o, u et y, sont des voyelles; les lettres b, c, d, f, g, h, j, k, l, m, n, p, q, r, s, t, v, x, et z, sont des consonnes.

Avec ces vingt-cinq lettres, on fait des syllabes et des mots.

Syllabes de deux lettres.

ba be bé bê bi bo bu

ca ce cé cê ci co cu

da dé dê de di do du

fa fé fê fe fi fo fu

ga gé gê ge gi go gu

ha hé hê he hi ho hu

ja jé jê je ji jo ju

la lé lê le li lo lu

ma mé mê me mi mo

mu

na né nê ne ni no nu

pa pé pê pe pi po pu

ra ré rê re ri ro ru

sa sé sê se si so su

ta té tê te ti to tu

va vé vê ve vi vo vu

xa xé xê xe xi xo xu
za zé zê ze zi zo zu

Syllabes de trois lettres.

bab	beb	bib	bob	bub
bac	bec	bic	boc	buc
bad	bed	bid	bod	bud
bla	ble	bli	blo	blu
bra	bre	bri	bro	bru
cla	cle	cli	clo	clu
cra	cre	cri	cro	cru
dra	dre	dri	dro	dru
fla	fle	fli	flo	flu
fra	fre	fri	fro	fru
gla	gle	gli	glo	glu
gna	gne	gni	gno	gnu
gra	gre	gri	gro	gru
gua	gue	gui	guo	guu
pla	ple	pli	plo	plu

pra	pre	pri	pro	pru
qua	que	qui	quo	quu
spa	spe	spi	spo	spu
sta	ste	sti	sto	stu
tla	tle	tli	tlo	tlu
tra	tre	tri	tro	tru
vra	vre	vri	vro	vru

DU MOT.

Mots d'une syllabe de 3, 4 et 5 lettres.

Arc bac bec blé
cap dos fer jeu mal
mou nez oie pie rat
vin beau cerf drap
four loup neuf porc
rond vert blanc droit
front plomb.

Mots de deux et trois syllabes.

Ba-gue, bar-be, ber-ger, cer-cle, ci-ment, ci-té, dan-ger, dé-bat, dé-bris, di-ner, fi-dè-le, gra-ci-eux, his-toi-re, hor-lo-ger, jar-di-nier, il-lus-tre, in-di-go, in-ju-re.

Mots de quatre, cinq et six syllabes.

Las-si-tu-de, li-si-ble-ment, mé-ca-ni-cien, mo-dé-ré-ment,

non-cha-lan-ce, ré-ci-
pro-que-ment, ta-ba-
ti-ère, vé-gé-ta-tion,
con-tra-dic-toi-re-
ment, mi-ra-cu-leu-
se-ment, ma-li-ci-eu-
se-ment.

Phrases à épeler.

Quand j'au-rai bien lu
ma le-çon, j'i-rai jou-er.
Les cou-teaux cou-pent.
Les é-pin-gles pi-quent.
Les chats é-gra-ti-gnent.
Les chiens mor-dent. Le
feu brû-le.

Le pain se fait a-vec de la fa-ri-ne. La fa-ri-ne se fait a-vec du blé. Pour a-voir du blé, il faut le se-mer. A-vant de se-mer, il faut la-bou-rer la ter-re.

C'est Dieu qui a fait le so-leil : Dieu a fait tout ce que nous voyons ; il est le maî-tre de tout, il sait tout.

Ve-nez, mes en-fants, je vous en-sei-gne-rai la crain-te du Sei-gneur.

La crain-te du Sei-gneur est le com-men-ce-ment de la sa-ges-se.

Le sa-ge craint le mal

et s'en dé-tour-ne; l'in-sen-sé pas-se ou-tre, et se croit en sû-re-té.

Sou-ve-nez-vous de vo-tre Cré-a-teur pen-dant les jours de vo-tre jeu-nes-se, a-vant que le temps de l'af-flic-ti-on soit ar-ri-vé.

Le Sei-gneur con-ser-ve ceux qui ont le cœur droit, et il pro-té-ge ceux qui mar-chent dans la sim-pli-ci-té.

Le fils qui est sa-ge est la joie de son pè-re; le fils in-sen-sé est la tris-tes-se de sa mè-re.

E-cou-tez, en-fants, les

a-vis de vo-tre pè-re , et sui-vez-les a-fin que vous soyiez sau-vés.

Ce-lui qui hait la ré-pri-man-de mar-che sur les tra-ces du mé-chant.

L'in-sen-sé se mo-que de la cor-rec-tion de son pè-re ; mais ce-lui qui se rend au châ-ti-ment de-vien-dra plus sa-ge.

Ce-lui qui craint le Sei-gneur ho-no-re-ra son pè-re et sa mè-re , et il ser-vi-ra com-me ses maî-tres ceux qui lui ont don-né la vie.

LECTURE DE MONOSYLLABES.

Prie Dieu deux fois par jour.

Paul, prie Dieu, il faut que tu le pries tous les jours, tu le dois. Dieu veut qu'on le prie au moins deux fois par jour. Prie Dieu quand tu sors du lit, et prie Dieu le soir quand tu vas au lit. C'est Dieu qui a fait de rien tout ce qui est, Dieu voit tout et sait mieux que nous ce qu'il nous faut, tu fais donc bien quand tu le priés. Adieu, **Paul**, prie bien **Dieu**.

Le bon vieux Jean.

Que nous veut le bon Jean, il tient un gros chou à la main. Bonjour, bon Jean, d'où viens-tu par ce temps-là; il fait bien froid et il pleut? Je viens de chez mon fils où j'ai pris ce chou, c'est tout ce qu'il a pu pour moi. Que veux-tu, bon Jean, dis-le moi. J'ai là un beau chou, mais je n'ai ni bois ni lard. Paul, un peu de lard, et du bois pour Jean, joins-y du pain et du vin. Bonsoir, Jean, viens nous voir de temps en temps. Il ne dit rien le bon Jean, mais ses yeux vers le ciel et ses pleurs ont tout dit.

LECTURE COURANTE.

PRIERES DU MATIN.

Au nom du Père, et du Fils, et du Saint-Esprit. Ainsi soit-il.

L'Oraison Dominicale.

Notre Père, qui êtes dans les Cieux, que votre Nom soit sanctifié, que votre règne arrive, que votre volonté soit faite en la terre comme au Ciel; donnez-nous aujourd'hui notre pain quotidien, et pardonnez-nous nos offenses, comme nous pardonnons à ceux qui nous ont offensés, et ne nous abandonnez point à la tentation, mais délivrez-nous du mal. Ainsi soit-il.

La Salutation Angélique.

Je vous salue, Marie, pleine de grâces, le Seigneur est avec vous, vous êtes bénie entre toutes les femmes, et Jésus le fruit de vos entrailles est béni.

Sainte Marie, Mère de

Dieu, priez pour nous, pauvres pécheurs, maintenant et à l'heure de notre mort. Ainsi soit-il.

Le Symbole des Apôtres.

Je crois en Dieu le Père Tout-Puissant, Créateur du Ciel et de la terre : et en Jésus-Christ son Fils unique Notre Seigneur; qui a été conçu du Saint-Esprit, est né de la Vierge Marie, a souffert sous Ponce Pilate, a été crucifié, est mort et a été enseveli ; est descendu aux enfers : le troisième jour est ressuscité des morts :

est monté aux Cieux, est assis à la droite de Dieu le Père Tout-Puissant, d'où il viendra juger les vivants et les morts.

Je crois au Saint-Esprit, la sainte Eglise catholique, la communion des Saints : la rémission des péchés : la résurrection de la chair : la vie éternelle. Ainsi soit-il.

La Confession des péchés.

Je me confesse à Dieu tout-puissant, à la bienheureuse Marie toujours Vierge, à saint Michel Archange, à saint Jean-

Baptiste, aux Apôtres saint Pierre et saint Paul, à tous les Saints, parce que j'ai beaucoup péché, par pensées, par paroles et par actions; j'ai péché par ma faute, par ma faute, par ma très-grande faute; c'est pourquoi je supplie la bienheureuse Marie toujours Vierge, saint Michel Archange, saint Jean-Baptiste, les Apôtres saint Pierre et saint Paul, tous les Saints, de prier pour moi le Seigneur notre Dieu.

Les Commandements de Dieu.

Un seul Dieu tu adoreras,
Et aimeras parfaitement.

Dieu en vain tu ne jureras,
Ni autre chose pareillement.

Les dimanches tu garderas,
En servant Dieu dévotement.

Tes Père et Mère honoreras,
Afin que tu vives longuement.

Homicide point ne seras,
De fait ni volontairement.

Luxurieux point ne seras,
De corps ni de consentement.

Les biens d'autrui tu ne prendras,
Ni retiendras à ton escient.

Faux témoignage ne diras,
Ni mentiras aucunement.

L'œuvre de chair ne désireras,
Qu'en mariage seulement.

Biens d'autrui ne convoiteras,
Pour les avoir injustement.

Les Commandements de l'Eglise.

Les Dimanches Messe ouïras,
Et les Fêtes pareillement.

Les Fêtes tu sanctifieras,
Qui te sont de commandement.

Tous tes péchés confesseras,
A tout le moins une fois l'an.

Ton Créateur tu recevras,
Au moins à Pâques humblement.

Quatre-Temps, Vigiles jeûneras,
Et le Carême entièrement.

Vendredi chair ne mangeras,
Ni le samedi mêmement.

Bénédiction avant le repas.

O Dieu, qui nous présentez les biens nécessaires pour nourrir notre corps, daignez y répandre votre sainte bénédiction, et nous faire la grâce d'en user sobrement. Au nom du Père, et du Fils, et du Saint-Esprit.
Ainsi soit-il.

Actions de grâces après le repas.

Seigneur, nous vous rendons nos très-humbles actions de grâces, des biens que vous nous avez donnés pour la nourriture de notre corps; qu'il vous plaise nourrir ainsi notre âme de votre grâce dans l'espérance de la vie éternelle; par Jésus-Christ notre Seigneur. Ainsi soit-il.

Que les âmes de nos Parents, de nos Amis et de tous les Fidèles qui sont morts, reposent en paix, par la miséricorde de Dieu. Ainsi soit-il.

Devoirs des Enfants envers leurs Père et Mère.

1. Les Enfants doivent honorer leurs Père et Mère, à tout âge et en tout état.

2. Ils doivent leur obéir en toutes choses où Dieu n'est point offensé.

3. Ils doivent les aimer et les res-

pecter aussi bien dans les châtiments que dans les caresses.

4. Ils doivent éviter avec grand soin de les attrister, ou de les mettre en colère.

5. Ils doivent les assister dans leur pauvreté, et les soigner dans leurs maladies.

6. Ils doivent, après leur mort, prier et faire prier Dieu pour le repos de leurs âmes, et exécuter ponctuellement leurs dernières volontés.

Nos pères ont professé et nous devons suivre la religion catholique, apostolique et romaine. Notre Seigneur Jésus-Christ a dit à saint Pierre : *Tu es pierre, et sur cette pierre je bâtirai mon Église, et les portes de l'enfer ne prévaudront pas contre elle.* Rien donc ne pourra renverser l'Église.

Notre Saint Père le Pape est le successeur de Saint Pierre, Vicaire de Notre Seigneur Jésus-Christ.

Nous devons croire tout ce que la Sainte Eglise notre Mère enseigne, elle est infaillible, hors de l'Eglise il n'y a point de salut.

COURTES PRIÈRES

PENDANT LA SAINTE MESSE,

A L'USAGE DES ENFANTS.

En entrant dans l'Eglise.

Que ce lieu est terrible et vénérable! c'est ici la maison de Dieu et la porte du ciel : faites, Seigneur, que je sois dans le respect, et que je tremble à la vue de votre sanctuaire.

En prenant de l'Eau bénite.

Mon Dieu, répandez en moi l'eau de votre grâce, pour me purifier de plus en plus, afin que les adorations que je viens vous présenter vous soient agréables.

Avant que la Messe commence.

Je viens, ô mon Dieu, pour assister au Saint Sacrifice, donnez-moi votre grâce, afin que j'y assiste avec une foi vive, un amour ardent et une humilité profonde.

Le Prêtre étant au bas de l'Autel.

J'ai péché, mon Dieu, je ne suis pas digne de lever les yeux au Ciel, ni de regarder votre Autel pour vous adorer : mais que tous les saints vous prient pour moi. Je vous demande grâce, ô Dieu tout-puissant, faites-moi miséricorde et m'accordez le pardon de mes péchés, par Jésus-Christ Notre Seigneur.

Le Prêtre montant à l'Autel.

Père céleste, qui êtes Dieu, ayez pitié de nous ; Fils Rédempteur du monde, qui êtes Dieu, ayez pitié de nous ; Esprit-Saint, qui êtes Dieu, ayez pitié de nous.

Au Gloria in excelsis Deo.

Je vous adore, ô Père céleste, vous êtes le souverain Seigneur, le Roi du Ciel, le Dieu tout-puissant. Je vous adore aussi, ô Jésus, mon Sauveur, vous êtes le seul Saint, le seul Seigneur, le Très-Haut avec le Saint-Esprit, en la gloire de Dieu le Père.

Pendant les Oraisons.

Dieu tout-puissant, faites-nous la grâce d'avoir l'esprit tellement rempli de saintes pensées, que toutes nos paroles et nos actions ne tendent qu'à vous plaire, par Jésus-Christ, Notre Seigneur.

A l'Epître.

Faites-moi, ô mon Dieu, la grâce d'aimer votre sainte parole, d'en apprendre les vérités, et d'en pratiquer les préceptes, dès mon enfance.

A l'Evangile.

Seigneur, bénissez mon esprit, ma

bouche et mon cœur, de sorte que mes pensées, mes paroles et mes actions, soient réglées par votre Evangile, et que je sois toujours prêt à marcher dans la voie des saints commandements qu'il contient. Ainsi soit-il.

Au Credo.

Augmentez ma foi, Seigneur, rendez-la agissante par la charité, et faites-moi la grâce de vous être fidèle jusqu'à la mort, afin que je reçoive la couronne de vie.

A l'Offrande.

O Dieu, qui dites dans votre Ecriture : *donnez-moi votre cœur*, je vous offre le mien en même temps que le prêtre vous offre ce Pain et ce Vin ; je vous offre aussi mon corps ; faites que ce corps et cette âme soient une Hostie vivante, sainte et agréable à vos yeux.

Le Prêtre lavant ses mains.

Lavez-moi, Seigneur, dans le sang

de l'agneau sans tache, pour effacer de mon corps et de mon âme les moindres taches du péché.

A l'Orate, Fratres.

Que le Seigneur veuille recevoir ce saint Sacrifice, pour sa gloire, pour mon salut et pour l'utilité de toute son Eglise.

A la Préface.

Elevez, Seigneur, mon cœur au Ciel, afin que je vous y adore avec les Anges, en disant comme eux : Saint, Saint, Saint, le Seigneur, le Dieu des armées, les cieux et la terre sont remplis de la Majesté de votre gloire.

Après le Sanctus.

Mon Dieu, défendez votre Eglise contre tous ses ennemis visibles et invisibles ; conduisez, par votre grâce, notre Saint Père le Pape, Monseigneur notre Evêque, et les autres Pasteurs à qui vous avez confié le soin des âmes.

Conservez le Roi, bénissez mes parents, mes bienfaiteurs et mes amis, et particulièrement N. (*Il faut ici penser aux personnes pour qui l'on est obligé de prier.*)

Avant la Consécration.

Nous vous prions, Seigneur, que votre juste colère étant apaisée, vous receviez favorablement l'Offrande que nous allons vous présenter ; donnez-nous la paix pendant le reste de nos jours, et mettez-nous au nombre des élus.

A l'Elévation de la sainte Hostie.

C'est là votre Corps, ô mon divin Sauveur, je le crois, parce que vous l'avez dit ; j'adore ce Corps sacré avec une humilité profonde, je l'offre à votre Père pour mon salut.

A l'Élévation du saint Calice.

C'est là votre Sang, ô mon Dieu, ce sang adorable qui a été répandu pour la rémission de mes péchés ; que je sois aussi toujours prêt à répandre le mien pour votre gloire.

Après l'Elévation.

Faites-moi la grâce, ô mon Dieu, de me souvenir toujours que ce Corps sacré, qui est maintenant présent sur l'Autel, a été livré à la mort, et que ce divin Sang, qui est dans le précieux calice, a été répandu pour mon salut, afin que je vous serve toute ma vie avec ardeur ; souvenez - vous aussi de cette mort, afin que vous me pardonniez mes péchés avec miséricorde.

Au Memento des Morts.

Souvenez - vous, Seigneur, de vos serviteurs et de vos servantes qui sont morts dans la foi, et qui dorment du sommeil de paix, et particulièrement de N. (*Il faut ici songer aux morts pour qui l'ont est obligé de prier.*)

Pardonnez - leur, ô mon Dieu, le

reste de leurs péchés, et leur accordez votre saint Paradis, afin qu'ils s'y reposent de leurs travaux et de leurs peines.

A Nobis quoque peccatoribus.

Seigneur, ayez pitié de moi qui suis un misérable pécheur, et daignez, nonobstant mon indignité, m'accorder un repos éternel avec tous vos Saints.

A la seconde Elévation.

Recevez, ô mon Dieu, cette offrande du Corps et du Sang de votre Fils, et rendez-moi participant des mérites de sa mort. Père céleste, avec lui, par lui et en lui, vous appartient toute la gloire et la louange.

Au Pater, *il faut dire :*

Notre Père, qui êtes dans les Cieux, etc. *Page* 16.

Après le Pater.

Délivrez-nous, Seigneur, par votre

bonté, de tous les maux passés, présents et à venir, et assistez-nous du secours de votre miséricorde, afin que nous ne soyons jamais esclaves du péché.

*A l'*Agnus Dei.

Agneau de Dieu, qui effacez les péchés du monde, ayez pitié de nous. Agneau de Dieu, donnez-nous la paix.

Au Domine, non sum dignus.

Seigneur, je ne suis pas digne que vous entriez dans mon cœur, mais vous pouvez me délivrer de mon indignité, dites seulement une parole, et mon âme sera guérie.

O mon doux Jésus, qui désirez si ardemment de nous unir à vous, je vous ouvre mon cœur, pour vous y recevoir comme mon Sauveur et mon Dieu.

Lorsque le Prêtre communie.

Que votre Corps, ô mon divin Ré-

dempteur, et votre Sang précieux pu-
rifient mon corps et mon âme ; qu'ils
me fortifient et me nourrissent sur la
terre, jusqu'à ce que je sois rassasié de
votre présence dans le Ciel.

Après la Communion.

Mon Dieu, ne laissez pas entrer
dans mon âme le péché que vous y
avez détruit par le baptème ; que
Jésus-Christ, mon Sauveur, vive toujours en moi, et que je sente sa divine
présence, en faisant des actions con-
formes à celles qu'il a faites, lorsqu'il
était sur la terre.

A la Bénédiction.

Que le Dieu tout-puissant, le Père,
le Fils et le Saint-Esprit, nous bénisse.
Ainsi soit-il.

A l'Evangile selon S. Jean.

Jésus, mon Sauveur, vous êtes le
fils unique de Dieu, vous êtes Dieu
comme le Père et le Saint-Esprit. Ce-

pendant pour nous sauver, vous êtes venu au monde, vous avez souffert la mort, vous vous rendez présent sur le saint Autel. Oh que vous nous aimez parfaitement! je veux aussi vous servir tous les jours de ma vie.

Acte d'Adoration.

Mon Dieu, je vous adore, je vous reconnais pour mon Créateur et mon maître, je vous offre ma vie et tout ce que je possède.

Acte de Foi.

Mon Dieu, je crois fermement tout ce que croit et enseigne la sainte Eglise, parce que c'est vous, ô mon Dieu, qui l'avez dit.

Acte d'Espérance.

Mon Dieu, j'espère vos grâces et mon salut par les mérites infinis de Jésus-Christ mon Sauveur.

Acte de Charité ou *d'Amour de Dieu.*

Mon Dieu, je vous aime de tout mon cœur, et plus que toutes choses, et mon prochain comme moi - même, pour l'amour de vous.

Acte de Remercîment.

Je vous remercie, ô mon Dieu, de tous les biens que j'ai reçus de vous, principalement de m'avoir créé, de m'avoir racheté par votre Fils, et de m'avoir fait enfant de l'Eglise.

SOISSONS. — IMPRIMERIE DE EM. FOSSÉ DARCOSSE,
IMPRIMEUR DE L'ÉVÊCHÉ, RUE DES RATS, 10.